W0035556

Axel Kühner

Vier Kerzen auf dem Weg

AXEL KÜHNER

Vier Kerzen auf dem Weg

Geschichten für die
Advents- und Weihnachtszeit

neukirchener

Die Weisen zeigen auf das göttliche Licht,
die Toren sehen nur den menschlichen Finger!
Das Licht der Herrlichkeit
scheint mitten in der Nacht.
Wer kann es sehen?
Ein Herz, das Augen hat und wacht!

Inhalt

1. Dezember:
Wenn der Advent kommt

Wenn der Advent kommt
und Gottes Liebe sich
an die Welt verschenkt,
dann nimm dir Zeit
für seinen Besuch.

Atme die Unruhe deiner Seele aus
und schicke deine Sorgen und alles,
was dir Angst macht, ihm entgegen.

Seine Liebe streicht dir die Schatten aus der Seele
und besänftigt deine Wünsche,
die dich verrückt machen.
Atme seine Treue ein und fülle dich
Atemzug um Atemzug
mit Jesu heilender Kraft,
bis deine Seele Frieden gefunden hat.

Habt keine Angst!
Der Herr, euer Gott, kämpft für euch!
5. Mose 3,22

2. Dezember:
Schätze

Die wirklichen Schätze liegen nicht auf der Straße. Die wesentlichen Reichtümer sind nicht in den Schaufenstern ausgestellt. Die Werte, die das Leben lebenswert, den Menschen menschenwürdig und die Geschichte sinnvoll machen, sind nicht auf den Gemeinplätzen zu finden.

Die Schätze, die ein Herz ausfüllen und ein Leben reich machen, muss man suchen, oft abseits der Wege, fern der Menge und jenseits des Gewohnten. Denn das ist das Besondere an den Schätzen, dass sie verborgen sind. Oft zeigen sich die wahren Schätze hinter ihrem Gegenteil verborgen. Manche Berge von Schwierigkeiten wurden die Orte besonderer Gotteserfahrungen. Manche Wüsten der Einsamkeit wurden die Weiten besonderer Einsichten. Und manche Nächte der Schwermut und Trauer wurden zu den hellsten Lichtern der Tröstung und Heilung.

In ihm sind alle Schätze der Weisheit und Erkenntnis verborgen.
Kolosser 2,3

3. Dezember:
Der Winter

Im Winter nimmt sich das Leben zurück. Es stirbt in den dunklen Schoß der Erde hinein. Die Natur hält ihren langen Schlaf. Im gänzlichen Sich-Zurücknehmen der Natur zur Zeit des Winters bereitet sich ihre Auferstehung vor. Der Winter ist die Zeit der großen Ruhe und Sammlung. Die Erde, die sich verausgabt hat, ruht sich aus für den schöpferischen Aufbruch im Frühling.

Winter. Es ist eine Zeit der Hoffnung, eine Zeit des Glaubens: Manches Samenkorn wird schon im Herbst in die Erde gesät und stirbt. Unserer Augen nehmen nicht teil an der geheimnisvollen Wandlung vom Tod zum Leben. Der Winter ist die Zeit des Glaubens. Er verhüllt die Geburtsstunde des Lebens. Der Winter ist die Zeit der Armut. Er ist die Zeit des Wartens. Eine Zeit der Bereitung auf das Licht, auf neues Leben. Die Sonne wird zur Verheißung für eine Zeit erneuter Fülle und Fruchtbarkeit.

Solange die Erde besteht,
soll es immer Saat und Ernte, Kälte und Hitze,
Sommer und Winter, Tag und Nacht geben.
1. Mose 8,22

4. Dezember: Hoffnung

Wenn die bunten Sommerblumen verwelken, die reifen Herbstfrüchte gesammelt und die singenden Vögel abgeflogen sind, kommt der Winter mit seiner rauen Kälte und schweren Last. Die weiße Pracht von Schnee und Eis lässt vieles erstarren. Geduldig harren die Bäume unter den Schneemassen aus. Manchmal scheinen sie darunter zu zerbrechen. Hin und wieder bricht wohl auch ein morscher Ast unter der Belastung ab. Aber der Schnee kann den Baum nicht zu Boden zwingen. So schwer und so lange die Last auch drücken mag: Irgendwann wird die Frühlingssonne die Schneelast schmelzen. Und die Sonne wird mit ihrer Wärme die Last in Wohltat verwandeln. Das Schmelzwasser muss nun den Baum nähren und zum Wachsen bringen.

Gottes Liebe wird die Winterlasten unseres Lebens verwandeln in Frühlingshoffnung auf neues Leben und Reifen. Wenn Gottes Liebe aufleuchtet, muss selbst die Belastung eines Lebens noch zur Reifung führen.

Gehört also jemand zu Christus, dann ist er ein
neuer Mensch. Was vorher war, ist vergangen,
etwas völlig Neues hat begonnen.
2. Korinther 5,17

5. Dezember:
Ein langes oder ein ganzes Leben

Ein reicher Mann hat sich eine wunderbare Villa bauen lassen. Er bezieht sein Traumhaus mit all den herrlichen Räumen und Schätzen. Doch da mischt sich in seine Freude die Wehmut über die Vergänglichkeit des Lebens, und er denkt: „Wenn ich jetzt noch dreihundert Jahre leben könnte!"

Ob wir das überhaupt aushalten könnten, noch dreihundert Jahre zu leben? Und wäre das andererseits selbst dann nicht zu wenig für uns Menschen mit einer unstillbaren Lebenssehnsucht? Verbirgt sich hinter diesem törichten Wunsch nicht der Trugschluss, dass sich ein Leben durch die Länge und Dauer erfüllt? – Gott hat sich das menschliche Leben anders gedacht. Er hat es in drei Stufen geordnet. Sie alle drei zusammen bilden ein ganzes, volles und richtiges Leben. Die erste Stufe ist das irdische Leben. Aus einer Mutter werden wir als Menschenkinder geboren. Das ist ein Wunder, ein Geschenk. Aber das irdische Leben als Menschenkind ist von der Sünde gebrochen und bedarf der Erneuerung und Verwandlung. Die zweite Stufe ist das geistliche Leben. In einer

Wiedergeburt werden wir von einem Menschenkind zu einem Gotteskind. Das ist auch ein Wunder und ein Geschenk. Das geistliche Leben, das Leben im Glauben zielt auf die dritte Stufe, das ewige Leben. In einer Auferstehung mit einem neuen Leib in einer neuen Welt vollendet sich das Leben. Alle drei Stufen gehören zusammen. Jede ist wichtig, und alle drei Stufen bilden das ganze, volle Leben. Irdisches Leben in einer natürlichen Geburt als Menschenkind, geistliches Leben in einer Wiedergeburt als Gotteskind und ewiges Leben in einer Auferstehung für eine neue Welt, das ist ein ganzes Leben. Gehen wir alle drei Stufen aus. Gott wartet mit seiner ganzen Liebe auf uns, um uns – nicht unbedingt ein langes – ein ganzes Leben zu schenken.

Ewiges Leben wird er denen geben,
die mit Ausdauer Gutes tun und alles
daransetzen, an Gottes unvergänglicher
Herrlichkeit und Ehre teilzuhaben.
Römer 2,7

6. Dezember:
Mal was anderes

Mal wieder nah- statt fernsehen: einem geliebten Menschen in die Augen sehen.

Mal wieder ankommen statt wegfahren: Freunde besuchen und sich einander mitteilen.

Mal wieder in den Kopf reinsehen statt nur heraus: sein Inneres wahrnehmen, auf sein Herz hören, seinen Träumen nachsinnen.

Mal wieder sammeln statt zerstreuen: die Schöpfung begreifen, gute Bücher lesen, Stille suchen.

Mal wieder Zuflucht statt Flucht vor der Wahrheit: sich Gott stellen und sich seiner Liebe öffnen.

Mal wieder auftauchen statt untergehen: in der Gemeinde erscheinen und mit anderen Gottesdienst feiern.

Mal wieder Sinnlichkeit statt Sachlichkeit: mit allen fünf Sinnen das Leben wahrnehmen, die bunte Vielfalt sehen, die leisen Töne wieder hören, ein Butterbrot schmecken, die Schönheit riechen und die Zartheit betasten.

Mal wieder Lust statt Frust: die Freude am Alltag, an der Arbeit, den kleinen Dingen, den nächsten Menschen wiederfinden.

Mal wieder Loblieder statt Klagelieder: das ewige Bejammern aufgeben und für das Ewige loben und danken.

Mal was anderes!

Darum will ich dich loben, Herr.
Alle Völker sollen es hören! Deinen Namen will
ich preisen mit meinem Lied.
2. Samuel 22,50

7. Dezember:
Geheimnis des Glaubens

Maria ist guter Hoffnung. In ihr wächst Jesus heran. Durch sie will Gott zur Welt kommen. Maria ist in ihrer Erwartung ein Urbild für das Geheimnis des Glaubens. Im Glaubenden wächst ein Leben von Gott heran. Es ruht ganz tief innen, aber es will zur Welt kommen. Es beginnt ganz klein und unsichtbar, aber es wächst und wird erkennbar. Der Glaubende trägt ein Geheimnis der Liebe in sich. Er lebt alltäglich normal nach außen in Arbeit und Begegnung, im Tun und Lassen. Zugleich lebt der Glaubende – wie eine schwangere Frau – auch nach innen, spürt und achtet auf das kostbare Leben in sich. Der Glaubende lebt einerseits wie alle Menschen in den irdischen Gegebenheiten. Und doch ist sein Tun und Lassen von dem inneren Leben bestimmt. Er wird nichts tun oder unterlassen, was dem wachsenden Leben schaden oder es gefährden könnte. So ist der Glaubende welt- und alltagsorientiert und zugleich auf Gott und sein Reich ausgerichtet. Er ist natürlich und heilig, Mensch mit Menschen und Mensch mit Gott in einem. So will Gott durch Glaubende zur Welt kommen.

Mit Maria fing es an. Weihnachten geschah das Wunder. Aber die Geschichte geht weiter. Gott kommt auch heute durch seine Leute zur Welt. Glaubende haben ein göttliches Leben in sich, das zum Ausdruck und zur Auswirkung kommen will.

Denn der Herr hat Freude an seinem Volk, die Unterdrückten beschenkt er mit seiner Hilfe.

Psalm 149,4

8. Dezember:
Menschen aus Fleisch und Blut

Ein Lehrer möchte seinen Schulkindern das Wunder der Weihnacht näherbringen. Die Kinder sind um die Krippe mit all den großen Figuren versammelt. Eindrücklich beschreibt der Lehrer das wunderbare Bild des Friedens: „Seht ihr, wie Marie und Josef das Kind umgeben, und merkt ihr, wie selbst Ochse und Esel zusammen mit den Schafen die Krippe umringen, einträchtig, ohne sich zu drängen oder zu stoßen? Was meint ihr, warum stehen die wohl so friedlich und ruhig nebeneinander?" Nach langem Überlegen meint einer der Schüler: „Weil sie aus Holz sind!"

Müssen wir eigentlich aus Holz sein, um friedlich zu bleiben, oder können auch lebendige, sensible Menschen einträchtig miteinander umgehen?

Geht liebevoll miteinander um, so wie auch Christus euch seine Liebe erwiesen hat.
Epheser 5,2

9. Dezember:
Treffpunkt

Weihnachtsgeschichte ist Weltgeschichte, Gottes Geschichte und unsere Geschichte. Das Christuskind in der Krippe ist der Treffpunkt zwischen Gott und Mensch. Gott wählt die tiefste Stufe der Erniedrigung, er wird ein Menschenkind, um uns die höchste Stufe der Erhöhung zu gewähren, wir werden Gotteskinder. Mit den Hirten und Weisen, den Nahen und Fernen wollen wir diesen Treffpunkt suchen. Jesus ist der Ausgangspunkt allen Heils und für uns der Zielpunkt aller Sehnsucht und Heilserwartung. Wer im Anbeten und Anschauen verwandelt und erfüllt wird, entdeckt, dass es nur noch eine Ausrichtung, Dringlichkeit und Notwendigkeit des Lebens gibt: Die Anbetenden werden zu Zeugen und Überbringern des Heils.

Der wichtigste Treffpunkt ist die tägliche Einswerdung mit Jesus. Der höchste Zielpunkt ist die wachsende Anbetung Jesu im Herzen. Und der beste Ausgangspunkt für das praktische Christenleben im Alltag ist das Anschauen Jesu.

*Wer aber so klein und demütig sein kann
wie ein Kind, der ist der Größte
in Gottes himmlischem Reich.*
Matthäus 18,4

10. Dezember:
Leben aus Leben

Ein Vater fragt seinen Jungen, was er sich zu Weihnachten wünscht. Spontan antwortet der Junge: „Ein Pferd!" Erschrocken fragt der Vater zurück: „Aus Holz?" „Nein!" „Aus Pappe?" „Nein!" „Aus Metall?" „Nein!" „Aus Plastik?" „Nein!" „Ja, woraus dann?" Der Junge energisch: „Aus Pferd!" Das ist wahr, ein echtes Pferd kann nur aus Pferd selber sein. Alles andere wäre billiger Ersatz.

Was wünschen wir uns? Ich wüsste etwas: Leben, ganzes, erfülltes Leben! Und wenn jemand zurückfragt: „Aus Arbeit?" „Nein!" „Aus Erfolg?" „Nein!" „Aus Idealen?" „Nein!" „Ja, woraus dann?" „Aus Leben!"

Leben kann nur aus Leben selber sein. Leben kann nur von dem kommen, der das Leben ist. Leben kann nur der empfangen, der sich dem Lebendigen hingibt. Gott ist das Leben. Sein Leben kam zur Welt. In der Schöpfung einmal und dann vor allem in seinem Sohn. Jesus ist das Leben. Seine Liebe ist Leben. Sein Leiden und Auferstehen ist Leben. Nicht nur wirkliches Leben, sondern auch ewiges Leben. Jesus hat den Tod als letzte Grenze unseres irdischen Lebens durchbrochen. Er hat ein bleibendes, vollendetes Leben erworben. Und das möchte Gott durch Jesus an uns verschenken.

Gott ist seinem Wesen nach Gebender. Sein ganzes Sein ist verschenkend. Menschen sind ihrem Wesen nach Nehmende. Unser ganzes Sein ist empfangend. So können Gott und Mensch Partner werden und das Ganze finden. Gott möchte Leben verschenken. Der Mensch möchte Leben empfangen.

Darum sucht Gott Menschen, die sich für seine Lebenskräfte öffnen,
– die ihre Einsamkeit aufgeben und die Gemeinschaft mit Gott suchen,
– die ihre Sorgen wegwerfen und Vertrauen festhalten,
– die ihre Ängste vor Gott aussprechen und seine Hoffnung mitnehmen,
– die ihre Sünden abladen und sich Vergebung aufladen,
– die ihren Egoismus begraben und Jesu Liebe aufleben lassen,
– die ihre Begrenzung eingestehen und Jesu Möglichkeiten ausleben.

So wollen wir Leben aus erster Hand, aus Gottes Güte, aus Jesu Vergebung aus der Kraft des Heiligen Geistes.

*Seid fröhlich in der Hoffnung darauf,
dass Gott seine Zusagen erfüllt. Bleibt standhaft,
wenn ihr verfolgt werdet. Und lasst euch durch
nichts vom Gebet abbringen.*
Römer 12,12

11. Dezember:
Kennzeichen des Lebens

Ein Symbol ist ein Kennzeichen, ein Zeichen, an dem man etwas erkennt. Das Wort kommt von symballo = ich trage zusammen, etwa zwei Ringe, die zusammenpassen, zwei Teile eines Ganzen, die zusammengehören, oder zwei Hälften, die zueinander gefügt, sich als gültig erweisen. Dieses Wort, zusammentragen, kommt in der Weihnachtsgeschichte vor (nach Lukas 2,19): „Maria aber behielt alle diese Worte und trug sie in ihrem Herzen zusammen!"

Maria trägt die Worte des Engels und der Elisabeth, Josephs Worte und die Anordnung des römischen Kaisers, die Worte der Hirten aus der Nähe und der Weisen aus der Ferne zusammen. Sie trägt sie in ihrem Herzen zusammen und merkt, wie sie zusammenpassen. Weihnachten ist das Kennzeichen des Lebens.

Der kaiserliche Befehl und Gottes Handeln, ihre Schmerzen bei der Geburt und die Freude über das Kind, die Verheißung der Engel und die Erfüllung an den Hirten, es passt alles zusammen. Es stimmt zueinander.

Die Not, die zum Himmel schreit, und der Not-helfer, der vom Himmel kommt. Die Wunden des Lebens und der Heiland für alle. Die große Sündenschuld und die noch größere Vergebung Gottes. Die tiefe Einsamkeit der Menschen und die wunderbare Gemeinschaft mit Gott. Das Suchen der Weisen und das Finden des Kindes in Bethlehem. Maria trägt es in ihrem Herzen zusammen und freut sich daran, wie es stimmt und zusammenpasst. Weihnachten ist das Kennzeichen des lebendigen Gottes. Seine göttliche Wahrheit, die alles aufdeckt, und seine glühende Liebe, die alles zudeckt, stimmen zusammen. Die Gabe des Liebenden und die Liebe des Gebenden stimmen zusammen. Alles passt zueinander.

Zu Weihnachten tragen wir alles zusammen: unseren Lebenshunger und Gottes Lebensbrot, unsere tiefe Angst vor dem Weniger und seine große Hoffnung auf Mehr, unsere Tränen und seinen Trost, unsere Wunden und seinen Heiland, unsere Gebrochenheit und seine Ganzheit, unsere Sünde und seine Vergebung, unseren irdischen Namen und seinen himmlischen Namen.

Es ist wahr, es stimmt, es passt, es gehört zusammen, es bildet das Kennzeichen des Lebens. Wie zwei Ringe, die zusammengehören und einen Lebensbund symbolisieren, so gehören wir zu Jesus. In seinem Ring steht unser Name, und in unser Leben ist sein Name eingraviert. Wir gehören zusammen. Zu Weihnachten passen der heilige Gott und der verlorene Mensch wieder zusammen.

Ich will den Erschöpften neue Kraft geben,
und alle, die vom Hunger geschwächt sind,
bekommen von mir zu essen.
Jeremia 31,25

12. Dezember:
Wer die Sehnsucht nicht kennt

Ich las von einem sechzigjährigen Mann, der heute in Deutschland lebt. Als Kind wurde er aus Oberschlesien verschleppt und später in die entfernteste Ecke der damaligen Sowjetunion an die mongolische Grenze verbannt. Dort musste er in einem Arbeitslager ein elendes Leben fristen, bis er eines Tages, krank vor Sehnsucht nach seiner Heimat, ausbrach.

Er lief zu Fuß, jede menschliche Behausung meidend, in sechs Jahren zwölftausend Kilometer, um in das Land seiner Sehnsucht, nach Deutschland zu kommen.

Wieviel mehr hat Gott in seiner Sehnsucht nach uns Menschen auf sich genommen und ist uns den ganzen weiten Weg aus der Herrlichkeit des Himmels bis in die Verlorenheit und das äußerste Verderben nachgegangen.

In Jesus ist uns Gott mit seiner Sehnsucht nahegekommen.

Unsere Sehnsucht nach einem erfüllten Leben, nach Liebe und Geborgenheit, nach Heimat und Zuhause ist nur die eine Hälfte. Gott hat eine noch viel größere Sehnsucht nach seinen Menschenkindern und macht sich auf, sie zu besuchen. Advent heißt, Gott ist angekommen. Auch bei uns?

Voller Sehnsucht warte ich auf deine Hilfe,
ich setze alle meine Hoffnung auf dein Wort.
Psalm 119,81

13. Dezember:
Das Geheimnis des Lichtes

Wir zünden eine Kerze an. Wir nehmen uns Zeit. Wir betrachten das Wunder des Lichtes. Es hat eine siebenfache Botschaft für uns:

1. Feierliche Stille – Die Kerze brennt lautlos. Sie schreit nicht. Gott kommt leise zur Welt. Seine Liebe ist feierliche Stille. Doch sein Licht setzt sich durch gegen das laute Poltern der Heere, das Geschrei der Massen und den Heidenlärm.

2. Frohes Leuchten – Lustig und lebendig flackert das Licht. Es verbreitet Helligkeit und Freude. Schon ein kleines Licht ist stärker als die Dunkelheit eines großen Raumes. Ein Wort der Liebe Gottes bringt frohes Leuchten auf die Gesichter und in die Herzen.

3. Wohltuende Wärme – Die Flamme wärmt und schenkt Geborgenheit und Wohlbefinden. Uns wird heimelig, wenn wir Gottes Liebe am eigenen Leib spüren. Unter der warmen Liebe Gottes entspannt sich das verkrampfte Leben. Wir sind erlöst.

4. Ständige Wandlung – Das Licht ist still und ständig in Bewegung. Farben und Formen wechseln. Gottes Licht ist ruhig und dynamisch, immer neu, immer anders, überraschend.

5. Sinnvolles Opfer – Die Kerze opfert sich, um Licht zu spenden. Sie nimmt ab und gibt her. Fraglos und einfach verschenkt sie ihr Sein. Ausleben und Aufleben sind eins.

6. Strebt nach oben – nimmt ab nach unten – Das Licht des Lebens strebt nach oben, und das Material wird weniger nach unten. Wir leben zum Himmel empor, und zugleich wird unser Leib weniger.

7. Geheimnis – Gegen alle unheimliche Dunkelheit bietet das Licht Gottes ein Heim. In seiner Liebe sind wir aufgehoben und geborgen. In seinem hellen Licht finden wir den Weg und sind wir orientiert. Und doch bleibt seine Liebe letztlich ein Geheimnis.

Dein Licht erleuchtet alle Völker, und deinem Volk Israel bringt es Größe und Herrlichkeit.
Lukas 2,32

14. Dezember:
So wird das Leben eine saubere Sache

„Mir geht es dreckig", sagen wir und meinen damit die Mühsal und Last, die Not und Schwierigkeiten im Leben. Wie soll man über die Erde gehen, ohne dreckig zu werden! Wer hinter dem Leben herläuft, fällt bisweilen in den Schmutz. Wir sind nun mal Erdenkinder, aus Erde, für die Erde, auf der Erde. Unser Lebensraum jenseits von Eden ist ziemlich staubig. Und was hat sich auf unserem Lebensweg nicht alles an Dreck und Schmutz an unsere Füße geheftet! Jesus will uns die Füße waschen, wenn sie müde sind vom vielen Umherlaufen und dreckig von all dem Erdenkram. Kurz vor seinem Tod, bei der letzten Mahlzeit, hat Jesus seinen Jüngern die Füße gewaschen, um ihnen seine ganze Liebe zu zeigen. Mit seinem Liebesdienst wollte Jesus seinen Jüngern wohl tun, sie reinigen und für neue Wege stärken. Seine Liebe wäscht alle Sünden ab. Seine Fürsorge teilt alle unsere Sorge. Seine Kraft hilft uns, die Lasten zu tragen. Seine Barmherzigkeit ist stärker als alle Gewalt. Sein Leben ist die Überwindung unseres Todes. Seine Auferstehung ist unsere Hoffnung.

Mir geht es dreckig aber bei Jesus kann ich den ganzen Dreck loswerden. Jesus wäscht uns nicht den Kopf und stutzt uns nicht zurecht. Er wäscht uns die Füße und liebt uns zurecht. Da ist man wie neugeboren, rein und sauber, befreit und erleichtert. Wir brauchen diesen Liebesdienst, das Gewaschenwerden, immer wieder auf unserem Erdenweg. Jesus sagt: „Wenn ich dir nicht die Füße wasche, gehörst du nicht zu mir." (Johannes 13,8) Darum wollen wir ihm unser Leben hinhalten und ihn bitten, dass er uns reinwäscht. So wird das Leben eine saubere Sache.

Barmherzig und gnädig ist der Herr,
groß ist seine Geduld und
grenzenlos seine Liebe!
Psalm 103,8

15. Dezember:
Das Wichtigste

Ein junger, wissbegieriger König bat die Weisen seines Landes, alles Wichtige über das Leben aufzuschreiben. Sie machten sich fleißig an die Arbeit und legten nach vierzig Jahren ihre Studien in tausend Bänden vor. Der König war inzwischen sechzig Jahre alt. Er bat die Gelehrten, weil er die tausend Bücher nicht mehr alle lesen könne, das Wichtigste herauszuschreiben. Nach zehn Jahren hatten die Weisen ihre Einsichten in das Leben in hundert Bänden zusammengefasst. Der König sagte: „Das ist noch zuviel. Mit siebzig Jahren kann ich nicht mehr hundert Bände studieren. Schreibt nur das Allerwichtigste!" Die Gelehrten gingen wieder an die Arbeit und brachten das Allerwichtigste in einem einzigen Buch zusammen. Damit gingen sie zum König. Aber der lag schon im Sterben und wollte nun von den Gelehrten noch das Wichtigste aus ihrer Arbeit erfahren. Sie fassten das Wichtigste in einem Satz zusammen: „Die Menschen leben, leiden und sterben. Und was wichtig ist und überlebt, ist die Liebe, die empfangen und geschenkt wird."

*Ich aber vertraue auf deine Liebe
und juble darüber, dass du mich retten wirst.
Mit meinem Lied will ich dich loben, denn du,
Herr, hast mir Gutes getan.*

Psalm 13,6

16. Dezember:
Liebe öffnet die Tür zum Leben

Ein Mädchen verirrt sich im Wald. Es wird dunkel und unheimlich. Furcht steigt in dem Mädchen auf. Verzweifelt sucht es den Weg nach Hause. Da kommt es an eine kleine Hütte. Aus einem Fenster leuchtet ein warmes Licht. Sie läuft auf das Häuschen zu und klopft leise an die Tür. Eine Stimme antwortet von drinnen: „Wer ist da?" Das Mädchen antwortet: „Ich!" Da wird ein großes Schweigen. Auch die Blätter des Waldes halten inne mit ihrem Rauschen. Nur von innen ist ein leises Weinen zu hören. Das Mädchen kauert sich vor die Tür. Sie sinnt nach über das Wort, das sie sagte und das zum Schweigen und Weinen führte: Ich. Ganz langsam wächst in ihr die Erkenntnis, dass sich der Mensch verwandeln kann, wenn er in das Haus der Geborgenheit und Liebe, Wärme und Freude Einlass finden will. Am Morgen geht sie noch mal an die Tür und klopft. Wieder fragt von innen eine Stimme: „Wer ist da?" Nun antwortet sie: „Du!" Da öffnet sich die Tür, und das Mädchen darf eintreten in die warme, helle Stube voller Licht und Leben. (Nach einer arabischen Legende)

Solange wir Menschen immer nur „Ich" sagen, bleiben die Türen verschlossen, wir stehen in der Nacht und Kälte, und unsere Sehnsucht nach Wärme und Liebe, Geborgenheit und Freude bleibt unerfüllt. Wenn wir dann das „Du" sagen, öffnen sich die Türen in ganz neue, wunderbare Räume. Es wird warm und hell, lebendig und fröhlich, geschützt und bewahrt. Die Liebe Jesu möchte uns verwandeln von einem Ich-Menschen in einen Du-Menschen, von einem Egoisten in einen Liebenden. Und dann werden sich die Türen öffnen und die Wege ebnen und die Räume erschließen.

Herr, lass uns deine Liebe erfahren,
wir hoffen doch auf dich!
Psalm 33,22

17. Dezember:
Ein Weihnachtsleben

Mitten in der Weltnacht leuchtet ein helles Licht: Gott weiht uns seinen Sohn. Wie kann in unserem Leben aus dem bedrückenden Dunkel das beglückende Licht werden? Unsere Antwort auf Gottes Gabe kann nur eines sein: Wir weihen unser Leben Jesus. So wie die Weisen damals suchen wir heute den Weg zu Jesus. Wir werden ihn finden und ihm dann alles geben, was wir haben, das Gold des Vertrauens, den Weihrauch der Anbetung und die Myrrhe des Leidens. Dann wird es auch bei uns Weihnachten. Was nützt die von Gott geweihte Nacht in Bethlehem, wenn wir selbst im Dunkel bleiben? Waren wir bei Jesus und haben ihm unser Leben geweiht? Dann ist auch bei uns Weihnacht, und aus dem einen Fest wird ein ganzes Weihnachtsleben.

Ihr sollt heilig sein, denn ich bin heilig.
1. Petrus 1,16

18. Dezember:
Eine Lampe im Haus

„Kannst du kein Stern am Himmel sein, sei eine Lampe im Haus!" (Arabisches Sprichwort)

Sterne sind hoch über uns, so unerreichbar und unnahbar.

Sterne sind so weit weg, Milliarden Lichtjahre, unvorstellbar.

Sterne sind so kalt und leblos, ohne Wärme und Herz.

Warum wollen die Menschen Sterne und Sternchen sein, so hoch hinaus und einsam, so weit weg und distanziert?

Wenn es Abend wird und Nacht, wollen wir im Haus, im kleinen, überschaubaren und gewohnten Raum, eine Lampe sein.

Sie bietet gutes Licht und gemütlichen Schein, sie strahlt Wärme aus und lädt zum Beieinander-Sitzen und Miteinander-Reden, zum Lesen und Lachen, zum Herzen und Lieben ein.

Sei in deiner Familie, in deinem engsten und intimsten Lebensraum eine Lampe mit warmem und herzlichem Licht, mit Ausstrahlung und Einladung.

Die Sterne am Himmel sind ganz anders beschaffen als die Geschöpfe auf der Erde; doch jeder Stern und jedes Lebewesen ist auf seine Weise schön.
1. Korinther 15,40

19. Dezember:
Auf Händen getragen

Ein Mann ist mit einer neuen Aufgabe betraut, die ihn übermäßig belastet. Bald kommen ihm Zweifel, ob er der Herausforderung gewachsen ist. Wie eine schwere Last drückt seine Arbeit. Resignation keimt auf. Eines Tages kommt er von der Arbeit nach Haus. Er hat für seine Frau ein hübsches Geschenk mitgebracht und trifft im Flur auf seine kleine Tochter, die an Kinderlähmung erkrankt im Rollstuhl sitzt.

„Wo ist Mutter?" – „Mutter ist oben", sagt die Kleine. „Ich habe ein Geschenk für sie", sagt der Vater. – „Lass mich das Päckchen zu Mutter tragen!" – „Aber Liebes, wie willst du das Geschenk tragen, wo du nicht einmal dich selber tragen kannst?" – Lachend antwortet das Mädchen: „Du trägst mich, und ich trage das Päckchen!"

Sanft nimmt der Vater sie auf den Arm. Er trägt sie zur Mutter, und das Kind trägt das Geschenk. Während er die Treppe hinaufgeht, wird es ihm plötzlich klar. So ist es auch mit seiner schwierigen Arbeit. Er trägt wohl an der Last, aber Gott trägt ihn damit auf seinen starken Händen.

Gott will uns in seiner Liebe tragen, damit wir
das wirklich bewältigen, was uns aufgetragen ist.

*Ich bleibe derselbe;
ich werde euch tragen bis ins hohe Alter,
bis ihr grau werdet.
Ich, der Herr, habe es bisher getan,
und ich werde euch auch
in Zukunft tragen und retten.*

Jesaja 46,4

20. Dezember:
Vier Dinge braucht der Mensch

Die vier elementaren Grundbedürfnisse jedes Menschen sind im leiblichen Bereich: atmen, trinken, essen und schlafen. Kein Mensch kann ohne diese vier Möglichkeiten leben oder überleben. Auf dieser leiblichen Basis braucht der Mensch, um geistig-seelisch und sozial gesund zu sein, auch vier wichtige Erfahrungen: eine Liebeserklärung, eine Wertschätzung, einen Vertrauensbeweis und eine Herausforderung.

Zu Weihnachten macht Gott uns diese vier besonderen Geschenke.

Er erklärt uns in Jesus seine ganze, große Liebe. So sehr hat Gott uns geliebt, dass er seinen Sohn Mensch werden und uns erlösen ließ. Daraus entsteht für uns die größte Wertschätzung, die uns je begegnen kann. Wir sind Gott einen Christus wert. In seinem Lieben und Schätzen, das Gott im Leben Jesu zeigt, liegt der größte Vertrauensbeweis, den es für unser Leben gibt. Und zugleich entsteht in der Liebe, der Wertschätzung, dem Vertrauen auch die stärkste Herausforderung unseres Lebens.

Gott fordert uns heraus zum Abenteuer des Glaubens, zum Wagnis der Nachfolge, zur Ganzhingabe unseres Lebens und zur allerhöchsten Berufung: Als seine Kinder und Boten, seine Haushalter und Zeugen in die Welt zu gehen.

Denn Gott hat die Menschen so sehr geliebt, dass er seinen einzigen Sohn für sie hergab. Jeder, der an ihn glaubt, wird nicht zugrunde gehen, sondern das ewige Leben haben.
Johannes 3,16

21. Dezember:
Ungeduld des Herzens

Ein Mann bekommt eines Tages eine wunderbare Gans geschenkt. Am nächsten Morgen legt die Gans ein goldenes Ei. Der Mann ist außer sich vor Freude und strahlt vor Glück. Am folgenden Morgen legt die Gans wieder ein goldenes Ei. Der Mann weiß sich vor Jubel kaum zu fassen. Nun kann er sich alle Wünsche erfüllen. Als die Gans am dritten Morgen wieder ein goldenes Ei legt, kommt ihm ein Gedanke. Er rennt in die Küche, holt das große Messer, stürzt sich auf die Gans, schneidet sie hastig auf und greift gierig hinein. Aber er findet nur Gedärme und Dreck. Nun ist die Gans tot und legt ihm nie wieder ein goldenes Ei.

Eine traurige Geschichte, die vom Menschen erzählt, der in seiner Gier nach Mehr das Lebensglück zerstört. Jeder Tag, jeder Lebensabschnitt, jede Liebe, jede Beziehung ist ein großes Geschenk. Wir brauchen Zeit und Ruhe, um die täglichen Geschenke richtig zu empfangen und mit ihnen besonnen umzugehen. Aber die Ungeduld des menschlichen Herzens hat schon so manchen Tag, so manche Liebe, so manches zarte Glück zerstört, weil sie nicht warten und vertrauen konnte. Die Angst vor dem Weniger und die Gier nach dem Mehr machen uns das Leben schwer. Die Angst, zu kurz zu kommen, etwas zu verpassen, das Glück zu versäumen, und die Gier, immer alles und sofort haben zu wollen, machen unser Leben kaputt. Wir müssen jeden Tag in Ruhe ausgehen, jedes Glück besonnen empfangen, jede Beziehung ausreifen lassen und jeden Erfolg wachsen lassen. Wie hastig rennen die Menschen hinter dem großen Leben her und sehen nicht die vielen wunderbaren kleinen Dinge. Wie ängstlich hüten die Menschen ihre Güter und vergessen das wirklich Gute: ihre Lebenszeit zu nutzen.

Gott schenkt uns jeden Tag seine Liebe und Nähe, umgibt uns immer wieder neu mit seiner Barmherzigkeit. Damit können wir in Ruhe und Vertrauen leben.

Nur bei Gott komme ich zur Ruhe;
geduldig warte ich auf seine Hilfe.
Psalm 62,2

22. Dezember:
Weihnachtsgeld

Eine arme, alte Frau schreibt in ihrer Not vor Weihnachten einen Brief an Gott mit der dringlichen Bitte, ihr doch etwas Geld, nur 100 Euro zu schicken, damit sie sich einige kleine Wünsche erfüllen und ein frohes Fest erleben könne. Irgendwie landet der Brief auf Umwegen beim Finanzamt. Die Mitarbeiter des Amtes sind bewegt von der Armut und Glaubenseinfalt der Frau und legen in ihrer Abteilung spontan Geld für sie zusammen. Die Sammlung erbringt 70 Euro. Die schicken sie mit herzlichen Grüßen von Gott, übermittelt vom Finanzamt, an die Frau. Die alte Dame freut sich riesig über die freundlichen Zeilen und das Geld und schreibt sofort einen Dankesbrief. Voller Freude habe sie das Geld erhalten, danke vielmals und bitte darum, in Zukunft das Geld nicht durch das Finanzamt zu schicken, denn die Spitzbuben hätten ihr gleich 30 Euro an Steuern einbehalten.

Gib jedem,
der dich um etwas bittet,
und weise den nicht ab,
der etwas von dir leihen will.
Matthäus 5,42

23. Dezember:
Segen

Gott lasse dich ein gesegnetes Weihnachtsfest erleben.

Gott schenke dir die nötige Ruhe, damit du dich auf Weihnachten und die frohe Botschaft einlassen kannst. Gott nehme dir Sorgen und Angst und schenke dir neue Hoffnung.

Gott bereite dir den Raum, den du brauchst und an dem du so sein kannst, wie du bist. Gott schenke dir die Fähigkeit zum Staunen über das Wunder der Geburt im Stall von Bethlehem. Gott mache heil, was du zerbrochen hast, und führe dich zur Versöhnung. Gott gebe dir Entschlossenheit, Phantasie und Mut, damit du auch anderen Weihnachten bereiten kannst. Gott gebe dir Einfühlungsvermögen, damit du Geschenke wahrnehmen und dankbar annehmen kannst. Gott bleibe bei dir mit dem Licht der Heiligen Nacht, wenn dunkle Tage kommen. So segne dich Gott und schenke dir seinen Frieden.

Ehrfürchtiges Staunen ergriff alle,
die in dieser Gegend wohnten,
und im ganzen Bergland von Judäa
sprachen die Leute über das,
was geschehen war.
Lukas 1,65

24. Dezember:
Feste feiern

Das Fest ist wie eine Oase in der Wüste, wie frisches Wasser nach langem Weg. Der eintönige Weg der Alltage wird unterbrochen und gekrönt von den Festtagen.

Zu einem Fest gehört ein großes Ja. Das Ja zum Leben, zueinander, zu Gott, zur Schöpfung, zur Liebe, zur Zukunft. Nur Menschen voller Ja und Hoffnung können Feste feiern und Freude erleben. Das Ja wird an einem Fest nicht gedacht, sondern erlebt, ausgedrückt und mit anderen geteilt.

Zu einem Fest gehören Spielraum und Phantasie. Jenseits von Nützlichkeit und Zweck wird ein Fest spielerisch gelebt. Das Eilige, Rationelle, Effektive hat keinen Zutritt. Man lässt die Zeit laufen und läuft nicht hinter ihr her und findet sie doch.
Zu einem Fest gehört Ganzheitlichkeit: Leib, Seele und Geist werden angerührt. Alle Sinne werden angesprochen.

Zu einem Fest gehören die Fülle und der Glanz. Alles Kleinliche, Enge und Beschränkte wird für einen Moment aufgehoben. Das Fest ist eine Vorschattung der Vollendung und Fülle. Die festliche Kleidung, das gute Essen, maßvolles Trinken und der geschmückte Raum sind Anzeichen der Fülle und der Freude.

Nur in Christus ist Gott wirklich zu finden,
denn in ihm lebt er in seiner ganzen Fülle.
Kolosser 2,9

25. Dezember:
Weltnacht und Weihnacht

Es war eine Nacht wie jede andere. Dunkel fiel über das Land und löschte das Licht des Tages langsam aus. Wilde Tiere machten sich auf, arglose Schafe zu reißen. Hirten wachten draußen auf dem Feld gegen das Böse und wärmten sich am Feuer. Schwermut legte sich auf die Traurigen, und Kranke zählten unter Schmerzen die langen Stunden. Kinder träumten selig vom bunten Leben. Diebe machten sich im Schutz der Dunkelheit mit ihrer Beute davon. Liebespaare suchten heimlich die Erfüllung ihrer Sehnsucht. Sterbende blieben todeinsam, und Abgearbeitete sanken erschöpft auf ihr Lager. Sterne leuchteten am Himmel.

Es war eine Weltnacht, eine Allerweltsnacht wie jede andere. Und doch war in dieser Nacht alles anders. Gott weihte uns seinen Sohn. In einer Notunterkunft wurde Jesus geboren. Arm, unter Schmerzen, unterwegs und winzig kam er zur Welt. Gott fand in seiner Liebe einen Weg zu uns Menschen. Er nahm unser Fleisch und Blut an und weihte sein Liebstes uns armen Erdenkindern. Da begann ein Weg der Liebe und der Schmerzen. Maria und Joseph erfuhren es zuerst. Maria gab ihren Leib und ihre Liebe und musste erleben, dass ihr Sohn nicht ihr Sohn ist. Joseph gab seinen Namen, seine Kraft und seine Ehre, sein Hab und Gut und hatte nichts als Schwierigkeiten. Kein Glanz fiel auf seine Treue, Demut und Hingabe. Und Jesus selbst wurde in seiner Liebe zum Menschen so verletzlich, dass er sich schließlich auf seine Liebe zu uns festnageln und kreuzigen ließ. Aber durch diese Liebe verwandelte Gott das Dunkel der Weltnacht in das Licht der Weihnacht. Christ der Retter ist da! Für uns ist damals der Heiland geboren. Gott bindet sich an unser Leben. Er weiht uns seinen Sohn. Nun ist alles ganz anders.

Das Wort wurde Mensch und lebte unter uns. Wir selbst haben seine göttliche Herrlichkeit gesehen, eine Herrlichkeit, wie sie Gott nur seinem einzigen Sohn gibt. In ihm sind Gottes Gnade und Wahrheit zu uns gekommen.
Johannes 1,14

26. Dezember:
Mitten in der Nacht

Mitten in der Nacht der Welt, während ringsumher alles schlief, waren die Hirten hellwach, hellhörig und hellsichtig. Mitten in der Nacht wurde es für sie hell, und sie erlebten das Wunder der Weihnacht. Hellwach müssen wir sein, wenn wir das Kommen Jesu in unser Leben bemerken, anbeten und weitersagen wollen.

Hellhörig müssen wir sein, ganz Ohr, wenn Gott uns sagen lässt, wo das Heil zu finden ist. Helle Augen brauchen wir für den Glanz Gottes in einer finsteren Umgebung. Gott macht Licht, und wir sehen in seinem Licht die Verworrenheit des Lebens, die Ratlosigkeit der Welt und die düsteren Aussichten der Zukunft. Der Glanz, der von Jesus ausgeht, macht uns hellsichtig für die Nöte der Welt und den Nothelfer in der Welt zugleich.

Heil und Rettung kommen allein von unserem
Gott, der auf dem Thron sitzt,
und von dem Lamm!
Offenbarung 7,10

27. Dezember:
Gott kommt zu uns

Ein Junge wird in der Weihnachtszeit von seinem Lehrer gefragt: „Nun, was möchtest du am liebsten zu Weihnachten haben?" Der Junge denkt an das eingerahmte Bild mit der Photographie seines Vaters, an dem er so hing und der nun nicht mehr da ist. Dann sagt er leise: „Ich möchte, dass mein Vater aus dem Rahmen heraustritt und wieder bei uns ist!"

Der Junge verleiht der Sehnsucht aller Menschen Worte. Uns verlangt nach Geborgenheit und Frieden, nach einer starken und guten Hand, die uns in Schwachheit trägt, in Ängsten birgt, in Trauer tröstet, nach einem Vater. Wir wünschen, dass Gott aus dem Rahmen des Ungewissen und Fernen heraustritt und uns persönlich begegnet. Jesus ist der aus dem Rahmen des Unsichtbaren herausgetretene Gott. Gott ist nicht mehr ferne. Nicht das kalte Weltall, ein blindes Schicksal, der pure Zufall, das stumme Nichts umgeben uns, sondern Gott und seine Liebe zu uns persönlich. In Jesus streckt Gott seine Hände nach uns aus. Im Kind von Bethlehem und im Mann von Golgatha erklärt uns Gott seine Liebe und wirbt um unser Leben. Gott tritt aus dem Rahmen heraus und kommt zu uns!

Schenke mir wieder neue Freude,
nach dir sehne ich mich!
Psalm 86,4

28. Dezember:
Geschätzt

„Es begab sich aber zu der Zeit, ... dass alle Welt geschätzt würde." – Damit beginnt die Weihnachtsgeschichte. Bis heute werden Menschen geschätzt: eingeschätzt und abgeschätzt, unterschätzt und überschätzt, eingestuft und abgestuft, taxiert und gewogen, zensiert und registriert, nummeriert und etikettiert, einsortiert und aussortiert, in Listen eingetragen und ausgestrichen.

Wir sind Rädchen und tragen Nummern: Kennnummer, Hausnummer, Telefonnummer, Autonummer, Versicherungsnummer, Personalnummer, Kontonummer. Es ist wichtig, dass alle Welt geschätzt wird. Alles muss seine Ordnung haben. Gott kommt nicht an dieser Ordnung vorbei in unsere Welt. Mitten in einer Schätzung kommt er zur Welt. Unter dem Namen Jesus wird er in Listen eingetragen. – Und mitten darin leuchtet eine wunderbare Botschaft auf: Gott schätzt unser Leben. Er gibt für uns sein Kostbarstes und Höchstes. Welch ein Schatz müssen wir in den Augen Gottes sein! Wir sind nicht nur registriert, wir sind geliebt, unendlich geschätzt, wertgeschätzt von Gott. Das tut wohl, dass wir bei Gott nicht eingeschätzt und abgeschätzt, sondern wertgeschätzt und geliebt werden. – Unsere Antwort darauf könnte dann sein, dass wir – wie die Weisen aus dem Orient – an der Krippe Jesu unsere Schätze auftun und sie Jesus geben. Gehen wir ganz nahe an die Krippe Jesu heran und weihen ihm unser Leben. Weihnacht, die Nacht, in der sich Gott den Menschen weiht, sucht geweihte Menschen, Menschen, die Gott ihr Leben schenken: das Gold des Glaubens, den Weihrauch der Anbetung und die bittere Myrrhe des Leidens.

In der Welt werden wir geschätzt und nummeriert, bei Gott sind wir geschätzt und geliebt. Bei Jesus tun wir unsere Schätze auf und geben unser ganzes Leben in seine Hand. Frohe Weihnachten!

Wie groß ist doch Gott! Wie unendlich sein Reichtum, seine Weisheit, wie tief seine Gedanken! Wie unbegreiflich für uns seine Entscheidungen und wie undurchdringlich seine Pläne!

Römer 11,33

29. Dezember:
Weihnachten erst recht

Mit vier Jahren erlebte ich erstmals die Vorweihnachtszeit ganz bewusst mit all ihrem Zauber und Geheimnis. Wir Kinder konnten in jener Zeit – 1945 – wahrlich keine großartigen Geschenke erwarten und mit üppigen Festlichkeiten rechnen. Es waren vielmehr die kleinen Dinge, die uns mit Vorfreude erfüllten. Wir dachten an den Baum und seinen Schmuck, an die Lichter und ihren Glanz, an die Stube und ihren weihnachtlichen Duft. Mit allen Sinnen warteten wir auf das große Fest und die vielen kleinen Dinge, die es zu sehen und zu hören, zu riechen und zu schmecken, zu fühlen und zu erleben gab.

Für unsere Mutter war diese wunderbare Zeit der Lichter und Geheimnisse von dunklen Schatten und tiefem Bangen überdeckt. Noch immer hatte sie keine Nachricht von unserem Vater. Die Hoffnung, dass er noch lebt und aus russischer Gefangenschaft nach Hause kommt, musste immer wieder gegen die Angst und Sorge um sein Ergehen ankämpfen.

Es wird Heiligabend. Die Spannung in den Kinderherzen erreicht ihren Höhepunkt. Aufgeregt rennen wir durch die Wohnung. Es klingelt, der Postbote bringt einige Briefe. Mutter setzt sich an den Tisch und beginnt zu lesen. Wir springen davon, lachen und singen, toben und balgen. Als wir in die Küche kommen, bleiben wir erschrocken stehen und verstummen. Mutter sitzt über einen Brief gebeugt, der in ihren Händen zittert, und weint. Die Tränen laufen auf den Brief hinab, tropfen auf die Erde. Nur mühsam gelingt die Erklärung: Ein Kriegskamerad hat uns mitgeteilt, dass unser Vater in einem russischen Gefangenenlager erkrankt und am 15. Oktober verstorben ist. Obwohl das ganze Ausmaß der Schreckensnachricht nicht in unsere Kinderherzen eindringen kann, spüren wir, dass etwas zerbricht, zusammenstürzt und abreißt. Wir drücken uns an die Mutter. Traurigkeit erfüllt den Raum. Die Tränen mischen sich. Lange finden sich keine Worte. Es ist totenstill. Mitten hinein in die stumme Verzweiflung dringt meine kindlich besorgte Frage: „Mutti, fällt Weihnachten jetzt aus?" Meine Mutter stutzt, gibt sich einen Ruck, nimmt mich in den Arm und sagt: „Nein, jetzt feiern wir erst recht Weihnachten!" Und dann beginnt meine

Mutter, ihre Traurigkeit und ihr Leid damit zu bewältigen, dass sie uns Kindern die Weihnachtstage gestaltet.

Die Weihnachtsbotschaft von der Freude fällt nicht aus, weil es in unserer Welt so viel Leid und Tränen, Angst und Sorge gibt, sondern gerade deswegen und dann „erst recht" werden Geburt und Kommen Christi verständlich. Weihnachten fällt nicht aus, wenn Trauer und Leid die Menschen bedrängen, sondern es fällt hinein in die ganze Dunkelheit irdischen Lebens. Mitten in Leid und Weh, Schuld und Not müssen wir „erst recht" Weihnachten feiern, das Kommen Christi besingen, den Retter anbeten und den Heiland finden. Das Kommen Gottes in die Welt hat ja mit unserer Not und Trauer, unserem Leben und Sterben zu tun.

Ein Anwalt der Witwen und ein Vater der Waisen ist Gott in seiner heiligen Wohnung.
Psalm 68,6

30. Dezember:
Jede Nacht, jeder Tag

Seit Weihnachten ist jede Nacht, wie dunkel sie auch sein mag, heilige Nacht. Und jeder Tag, wie sonnig er auch sein mag, ist ein Christtag. Und jedes Jahr, wie viel Freude und Leid es auch in sich bergen mag, ist ein Jahr des Herrn.

Wer dem Herrn die Treue hält,
steht unter seinem besonderen Schutz.
Er hört mich, wenn ich zu ihm rufe.
Psalm 4,4

31. Dezember:
Gute Nachsätze

Gute Vorsätze mögen Sie morgen fassen. Mit ihnen ist ja bekanntlich der Weg zur Hölle gepflastert. Gute Nachsätze sollten Sie heute fassen. Mit ihnen könnte sich ein Stück Himmel aufschließen.
Jeder Tag des Jahres war ein Tag von Gott für mich zum Leben!

Das Jahr ist nicht vorbei, sondern vorhanden in meiner Erinnerung und in Gottes Buch.

Die Freude über das Schöne wird zum Danken, das Leiden an all dem Schweren kann ich Gott klagen. Manche Schuld lässt mich um Vergebung bitten, und Gottes Verheißung lässt mich auf Gutes hoffen.

Die Zahlen und Jahre wechseln, Gott bleibt mit seiner Treue gleich verlässlich und unverändert nah. Alles, was gelang, ist letztlich Gottes Güte. Und alles, was missriet, macht Gott letztlich gut.

Freu dich über jedes neue Jahr,
das du erleben darfst!
Prediger 11,8a

1. Januar:
Neujahrsrezept

Man nehme zwölf gut ausgereifte Monate und achte darauf, dass sie vollkommen sauber sind und frei von bitterer Erinnerung, von Groll und Rachsucht, von Neid und Eifersucht. Man entferne jede Spur von Kleinlichkeit und Niedrigkeit und alle unbewältigte Vergangenheit.

Die zwölf Monate müssen also frisch und sauber sein, wie sie aus der Werkstatt Gottes hervorgehen. Man zerlege jeden Monat in dreißig oder einunddreißig Tage. Man richte jeweils nur einen einzigen Tag an. Und damit diese einzelnen Tage die besten unseres Lebens werden, beachte man sorgfältig die folgenden Anweisungen:

Für jeden Tag nehme man einige Teile Gebet und Arbeit, Entschlossenheit und Gelassenheit, Überlegung und Vertrauen, Mut und Bescheidenheit. Nun füge man dem Ganzen einen Löffel fröhliche Schwungkraft, eine Messerspitze Nachsicht und eine gute Dosis aufrichtige Herzlichkeit zu. Sodann übergieße man das Ganze mit Liebe und rühre es kräftig um. Man garniere zuletzt alles mit einem bunten

Sträußchen kleiner Aufmerksamkeiten und trage es mit Heiterkeit auf den Tisch. Guten Appetit!

Auch wenn ich nicht mehr da bin, wird doch der Friede bei euch bleiben. Ja, meinen Frieden gebe ich euch – einen Frieden, den euch niemand sonst auf der Welt geben kann. Deshalb seid nicht bestürzt und habt keine Angst!
Johannes 14,27

2. Januar:
Licht

Licht, das sind Mond und Sterne in der Nacht, Blitz und Morgendämmerung. Das ist der Regenbogen über dem Land und die Sonne, die durch die Wolken bricht. Das ist das Ende eines Tunnels und der Ausgang aus einer Höhle. Licht ist der Beginn einer lebendigen Welt. „Da sprach Gott: ‚Licht soll entstehen!‘, und sogleich strahlte Licht auf." (1. Mose 1,3)

Licht, das sind Zeiten und Zeichen, Tage und Nächte, Weite und Wärme, Schönheit und Glanz, Orient und Orientierung, Erleuchtung und Klarheit. Licht ist das Leben.

Licht, das ist die flackernde Kerze und das lodernde Feuer, die Glühbirne und das Blinksignal, die Leuchtrakete und die Verkehrsampel, das Brillantfeuerwerk und der Kristall, das Katzenauge und die Neonröhre, die Fackel und die Funzel, der Scheinwerfer und die Laterne, der Laserstrahl und die Grubenlampe. Der Mensch lebt vom Licht.

Licht kann einen blenden. Jemand kann mir im Licht stehen und mich hinters Licht führen. Man kann etwas ans Licht bringen und jemandem ein Licht aufstecken. Mir kann ein Licht aufgehen, und ich brauche mein Licht nicht unter den Scheffel zu stellen. Man kann eine Sache bei Lichte besehen und einem anderen grünes Licht geben. Manchmal steht einer im schiefen Licht, und nicht jeder ist ein großes Licht.

Licht, das ist Glanzlicht und Flutlicht, Rampenlicht und Augenlicht.

Es gibt Lichtbilder und Lichtspiele, Lichthupen und Lichtstrahlen, Lichtgeschwindigkeiten und Lichtjahre, Lichtstärken und Lichtschranken, Lichtkästen und Lichtmaschinen, Lichtsignale und Lichtblicke.

Es gibt viele Formen und Farben, Worte und Weisen des Lichtes. Aber es gibt nur einen, der von sich sagen kann: „Ich bin das Licht der Welt!"

Ich bin als das Licht in die Welt gekommen, damit jeder, der an mich glaubt, nicht länger in der Dunkelheit leben muss.
Johannes 12,46

3. Januar:
Gelobt sei der Herr

Gelobt sei der Herr für raue Wege. Sie haben manchen Fuß vor dem Ausgleiten bewahrt und den Schritten einen festen Halt gegeben.

Gelobt sei der Herr für raue Winde. Sie haben manches Lebensschiff heimgeweht, das sonst ins eigene Verderben gesegelt wäre.

Gelobt sei der Herr für raue Worte. Sie haben manche Augen für die Wahrheit geöffnet und Herzen für die Liebe empfänglich gemacht.

Gelobt sei der Herr für raue Wasser. Sie haben den Dreck von der Seele gespült und manches Leben zu Gott emporgetragen, das sonst in den seichten Tümpeln der Verwöhnung untergegangen wäre. Gelobt sei der Herr für raue Winter. Sie haben manches Leben zum Feuer der Liebe gelockt und dort durchglüht und aufgewärmt.

Gelobt sei der Herr für raue Wölfe. Sie haben manchen Schafsköpfen die Grenzen ihrer eigenen Kraft gezeigt und sie zum guten Hirten hingebracht.

Gelobt sei der Herr für raue Wüsten. Sie haben den Durst nach dem lebendigen Wasser so stark gemacht, dass wir zur Lebensquelle gekommen sind.

Gelobt sei der HERR für alle Zeit!
Amen, so soll es sein!
Psalm 89,53

4. Januar:
Gemeinsam teilen

Es hat immer Zeiten und Orte der Not gegeben, in denen Kleinigkeiten die Kostbarkeiten waren. In einem Waisenhaus in England bekamen die Kinder einst als besonderes Weihnachtsgeschenk eine Apfelsine. Einer unter ihnen hatte die strengen Regeln und harten Aufgaben nicht erfüllt und ging leer aus. Er weinte bitterlich und stand verzweifelt in der Ecke. Da kam ein Junge und brachte ihm eine ganz besondere Apfelsine. Mehrere Kinder hatten von ihrer Apfelsine je ein Stück geopfert und daraus eine ganze Frucht zusammengesetzt. So bekam der Junge doch noch sein Geschenk und war überglücklich. Und auch die anderen Kinder fühlten die große Freude des gemeinsamen Teilens. Wenn sich Menschen zusammenfinden, anderen zu helfen, entsteht ein doppelt haltbares Netz der Liebe: das der Helfer untereinander mit den Menschen in Not. Eine solche Kultur des gemeinsamen Teilens wird in einer Welt, in der Egoismus und Globalisierung gleichermaßen wachsen, immer wichtiger. Gegen die weltweite Vernetzung und Einigkeit im Bösen im Sinne der Mafia müssen wir die Einigkeit und Vernetzung der Liebe und Hilfe setzen.

Wer zwei Hemden hat, soll dem eins geben,
der keins besitzt. Und wer etwas zu essen hat,
soll seine Mahlzeit mit den Hungrigen teilen.

Lukas 3,11

5. Januar:
Immer noch schenkend

Der Baum ist immer in Bewegung. Er ist voller Leben und Dynamik. Dabei ist er doch ruhig und fest gegründet. Er hat seinen verlässlichen Platz inne und wohnt still an seinem Ort, aber er verändert sich fortwährend. Er wächst tief und hoch, er breitet sich in Jahresringen aus. Und im Wandel der Jahreszeiten wechselt sein Gesicht zu immer neuer Schönheit.

Alle Bewegung und Kraft, Veränderung und Lebendigkeit ist schenkendes, sich verströmendes Sein. Der Baum hat nichts aus sich selber und nichts für sich selber. Von den Elementen Erde und Wasser, Sonne und Luft bezieht er seine Lebenskräfte, um sie wieder nach allen Seiten zu verschenken.

So hat Gott den Menschen gemacht: verwundbar und doch widerstehend, empfangend und immer noch schenkend. Der Mensch hat nichts aus sich selbst und nichts für sich selbst. Er empfängt Leben und Zeit, Kraft und Möglichkeit, Lebensraum und Lebensgefährten, um alles mit anderen zu teilen und weiterzugeben. Darin wird sich der Sinn des Lebens erfüllen: immer noch schenkend! Bäume beantworten die Angriffe der Stürme und Kälte, der Belastungen und Gifte nur in einer Weise: immer noch schenkend. Was hat man den Lebensbäumen alles angetan! Wie hat man sie verletzt, verwundet, vergiftet, zerstört, erstickt und geschlagen! Und ihre einzige Reaktion, solange sie leben: immer noch schenkend! Als Jesus am Kreuz hing und man ihn folterte und quälte, verspottete und höhnte, abtat und schändete, war seine Antwort: „Vater, vergib ihnen, sie wissen ja nicht, was sie tun!" Und dem Verbrecher neben sich, dem alle die Hölle wünschten, versprach er den Himmel: „Heute noch wirst du mit mir im Paradies sein!" Selbst im Tode war Jesus immer noch schenkend.

Auch wir sind verwundbar. Stürme des Lebens rütteln an uns. Kälte und Lieblosigkeit bedrohen uns. Giftige Ideen und schwere Belastungen lassen uns ums Überleben kämpfen. In der Kraft des Glaubens an Jesus wollen wir dem allen trotzen und nur eine Sinnerfüllung unseres Lebens suchen: immer noch schenkend! Ruhig bei Gott bleibend, fest in seinem Wort gegründet, wollen wir unsere Liebe nach allen Seiten ausbreiten. Und in allen Verwundungen, die wir erleiden, wollen wir immer noch schenken, wie die Bäume es tun, wie Jesus es tat.

Alle Menschen sollen eure Güte
und Freundlichkeit erfahren.
Der Herr kommt bald!
Philipper 4,5

6. Januar:
Die Rose im Schnee

Eine alte Weihnachtslegende erzählt, dass der Stern von Bethlehem nicht nur den Weisen aus dem Orient den Weg zur Krippe gezeigt hat, sondern wo seine Strahlen die Erde berührt haben, eine wunderschöne Blume mit weißer Blüte und kräftigen grünen Blättern wuchs, die allen Menschen den Weg zu Christus zeigen soll: die Christrose.

Mitten im Winter und tief im Schnee leuchtet die Christrose und erinnert an den Retter der Welt.

O Herr, welch unermessliche Vielfalt zeigen deine Werke! Sie alle sind Zeugen deiner Weisheit, die ganze Erde ist voll von deinen Geschöpfen.
Psalm 104,24

Bibliografische Information der Deutschen Nationalbibliothek:
Die Deutsche Nationalbibliothek verzeichnet diese Publikation in der
Deutschen Nationalbibliografie; detaillierte bibliografische Daten sind im
Internet über http://dnb.d-nb.de abrufbar.

© 2020 Neukirchener Verlagsgesellschaft mbH,
Neukirchen-Vluyn
Alle Rechte vorbehalten
Gesamtgestaltung und Satz:
Grafikbüro Sonnhüter, grafikbuero-sonnhueter.de unter Verwendung
eines Bildes von © imaginasty (shutterstock.com)
Textzusammenstellung und Lektorat: Lea Omers
Verwendete Schrift: Minion, Matrix Script
Gesamtherstellung: GGP Media GmbH, Pößneck
Printed in Germany
ISBN 978-3-7615-6722-7

www.neukirchener-verlage.de